Komm mit Nico nach Italien

... und entdecke Land und Leute

Karin Jörges

Komm mit Nico nach Italien

... und entdecke Land und Leute

Der etwas andere Reiseführer für Kinder

Bibliografische Information der Deutschen Nationalbibliothek:
Die Deutsche Nationalbibliothek verzeichnet diese Publikation in der Deutschen Nationalbibliografie; detaillierte bibliografische Daten sind im Internet über < http://dnb.d-nb.de > abrufbar.

Satz, Umschlagdesign, Herstellung und Verlag:
Books on Demand GmbH, Norderstedt
ISBN: 978-3-8334-8950-1

Hallo, ich bin's mal wieder, euer Nico, diesmal mit vielen Informationen über das Land, wo die Zitronen blühen.

Aber wo blühen die Zitronen?

Natürlich in Italien, ist doch klar.

Diesen Sommer fahren wir nach Italien.

Also zuerst einmal das Wichtigste, wie komme ich überhaupt dorthin? Ich kann mich in ein Flugzeug setzen, dann bin ich schnell in Italien. Oder ich kann mit dem Auto fahren, so, wie wir das machen, dann brauche ich etwas länger.

Vielleicht 10-mal so lang, aber dafür sehe ich auch viel mehr und erlebe schon einiges auf der Hinfahrt.

Es gibt zwei Möglichkeiten, nach Italien zu kommen.

Nämlich die erste, man fährt über Österreich, und zwar über den „Brenner". Brennt's da, oder was ist da los?

Quatsch, da brennt's doch nicht, diese Autobahn ist ein Grenzpass und ist 1375 Meter hoch gelegen. Hier soll noch ein Eisenbahntunnel gebaut werden, der soll im Jahr 2015 fertig sein.

Die zweite Möglichkeit ist über die Schweiz zu fahren, und dann durch den Gotthardtunnel, so fahren wir.

Deshalb fahren wir schon am Vorabend los, damit wir am Morgen am Tunnel sind. Dort schlafen wir dann ein paar Stunden im Auto. Voll bequem zu viert. Und wenn wir dann gerädert aufwachen, geht's weiter. Aber so möchte es mein Vater. Denn er sagt immer: Das Wichtigste ist, durch den Tunnel zu kommen, da staut sich immer der ganze Urlaubsverkehr.

Und mein Papa fährt nicht so gern im Stau. Denn wenn viel Verkehr ist, kann es sein, das man mehrere Stunden anstehen muss, bis man in den Tunnel einfahren darf.

Dann wird eine Ampel geschaltet und es dürfen immer nur einige Autos fahren. Das kann sehr anstrengend werden, wenn man bei 35 oder 40 Grad im Auto sitzen muss und wartet, bis man dran ist.

Was macht man in so einer Situation?

Also entweder man spielt Karten, oder man sonnt sich. Man kann sich auf der Motorhaube sonnen, falls diese nicht zu heiß ist.

Oder man kann seinen Campingstuhl herausholen und sich neben das Auto setzen, bis es wieder ein paar Meter vorwärts geht.

Aber Sonnencreme nicht vergessen!

Manchmal kommen auch sehr nette Leute vom Roten Kreuz oder ADAC vorbei und verteilen kalte Getränke und Bonbons an die Kinder.

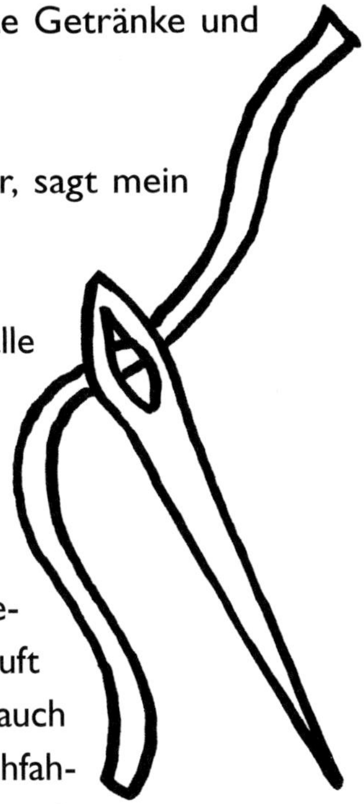

Der Gotthard Tunnel ist ein Nadelöhr, sagt mein Papa, und er ist 1106 Meter hoch.

Was ist ein Nadelöhr?

Eine Stelle, an der sich alles staut, weil alle da durch müssen wie der Faden durch eine Nadel, muss man sich vorstellen.

Im Tunnel kann es im Sommer sehr heiß werden, die Temperatur kann bis über 40 Grad ansteigen. Dafür gibt es riesige Turbinen oder Ventilatoren, die die Luft dann abkühlen. Wahrscheinlich dürfen auch deshalb immer nur ein paar Autos durchfahren, wegen der Abgase. Im Radio gibt es einen extra Gotthard-Sender, der erklärt in vielen verschiedenen Sprachen, wo die Notausgänge sind, und gibt Hinweise, falls man eine Panne hat.

Es ist ein langer Tunnel, er ist 17 Kilometer lang.

Mama ist immer froh, wenn wir hier durchgefahren sind.

Hier mag sie auch selbst nicht fahren, Papa muss fahren.

Neben diesem Tunnel wird noch ein weiterer Tunnel gebaut. Dies soll ein Eisenbahntunnel werden mit 57 Kilometern Länge.

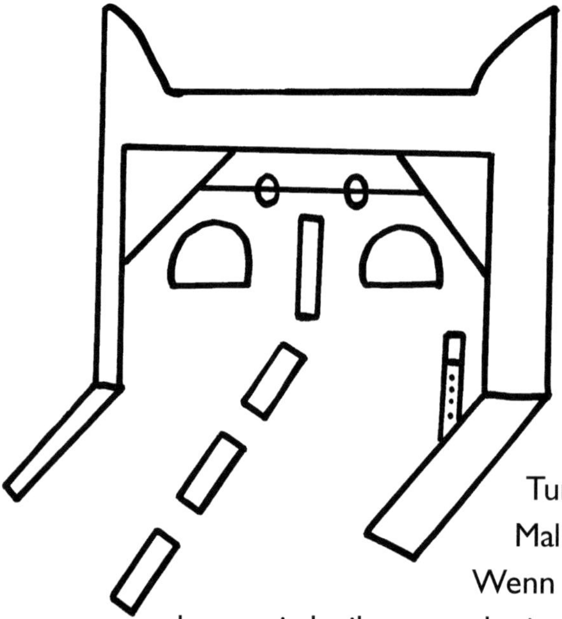

Das wäre dann der größte Tunnel der Welt.

Er nennt sich dann Gotthard-Basistunnel und du glaubst es kaum, er soll auch im Jahre 2015 fertig sein. Machen die Österreicher und die Schweizer einen Wett-Tunnelbau?

Mal sehen, wer zuerst fertig ist.

Wenn die Wartezeit mal viel zu lange wird, gibt es noch eine Alternative.

Was ist eine Alternative?

Na, sagen wir mal, eine dritte Möglichkeit:

Man kann auch über den Gotthard-Pass fahren.

Wie geht das denn? Ganz einfach, man fährt über den Berg, und nicht durch den Berg. Also man gibt Gas und fährt über das Gotthardmassiv. Die Gotthardstraße ist 110 Kilometer lang und es geht bestimmt ganz schön hoch. Bin ich selbst noch nie gefahren. Ist bestimmt auch toll.

Also im Großen und Ganzen ist der Gotthard eine sehr wichtige Verbindung in den Süden. Wenn man auf der anderen Seite des Tunnels ankommt ist man in der Italienischen Schweiz.

Wo bin ich hier eigentlich, in Italien oder in der Schweiz? Eigentlich in der Schweiz, aber hier spricht man italienisch.

Die wissen wohl auch nicht, was sie wollen.

Und kurz danach kommt dann die Grenze zu Italien.

Auf dieser ganzen Strecke braucht man in der Schweiz eine Vignette.

Was ist das schon wieder?

Was zu essen?

Nein, das ist eine Gebühr, dass man hier auf der Autobahn fahren darf.

Wieso braucht man bei uns nichts zu bezahlen, wenn man auf der Autobahn fährt?

Frag mal deine Eltern, vielleicht wissen sie es.

Aber dabei bleibt es nicht, man muss auch noch extra für die Tunnel zahlen. Nicht für alle, nur für die ganz Großen.

Und ist man erst mal in Italien, zahlt man Maut an den vielen Mauthäuschen. Das ist so was, wie eine Autobahngebühr. Ein Glück, dass man nicht an jedem Tunnel zahlen muss, denn davon gibt es ziemlich viele. Mein Vater meint, die ganze Schweiz ist untertunnelt.

Und in Italien geht's dann weiter, es sind ungefähr 60 Tunnel bis ans Mittelmeer. Woher ich das wieder weiß?

Meine Schwester war schon mal da und hat alle Tunnel aufgeschrieben, sogar mit Namen und Länge. Wenn du willst, kannst du das ja auch mal machen. Vielleicht auf der Heimfahrt.

Also immer Papier und Stift bereitlegen.

Wo waren wir stehen geblieben?

Ach ja, an der italienischen Grenze. Eigentlich gibt es ja gar keine Grenze mehr nach Italien. Aber in der Schweiz gibt es noch eine Grenze, da die Schweiz kein EU-Land ist. Weißt du, was ein EU-Land ist?

Also in den Sommerferien staut sich deshalb hier alles. Man braucht viel Geduld, viel zu essen und zu trinken. Es ist meistes richtig heiß und dauert oft lange, bis man in Italien ist. Mein Vater regt sich wieder mal auf, weil die Autobahn von drei Spuren erst auf zwei und dann auf eine Spur verkürzt wird. Reine Schikane, reine Schikane, meckert er immer wieder. Was auf Deutsch so viel heißt, wie, warum dauert das denn so lange?

Und dann der große Moment, wir sind in „Bella Italia".

Es ist schon eine ganz schöne Aktion, bis man hier ist, aber alleine die Fahrt in den Urlaub kann schon ein Erlebnis sein.

Jetzt noch mal was zu dem Land, in dem wir Urlaub machen wollen. Was ist das für ein Land?

Oder ist es gar kein Land, sondern ein Stiefel?

Denn Italien sieht von oben aus wie ein Stiefel. Dieser Stiefel ist vom Mittelmeer fast ganz umgeben, also überall Wasser. Wir fahren also ans Mittelmeer.

Was ist ein Mittelmeer?

Das Mittelmeer liegt zwischen Afrika, Asien und Europa. Schade, dass du keinen Atlas dabei hast, dann könntest du es mal genau ansehen. Das Mittelmeer ist an manchen Stellen bis zu 5000 Meter tief.

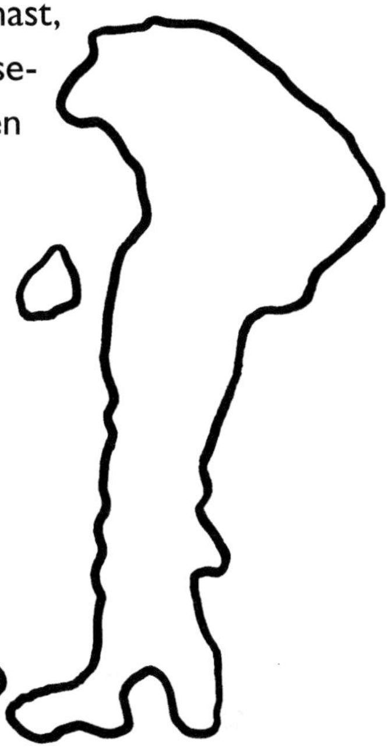

Wenn du mal untergehst und Wasser schluckst, merkst du, dass es nach Salz schmeckt. Das ist auch gut so.

Denn weil so viel Salz im Meer ist, deshalb gibt es dort keine Haie. Denn Haie mögen kein Salz. Also, was ist weniger gefährlich, Salz oder Haie?

Dafür gibt es ein paar Wale und auch Delfine. Die würde ich auch mal gerne sehen.

Obwohl ich Haie auch cool finde.

Das Meer soll total sauber sein, ideal zum Baden und Schnorcheln.

Was will man mehr?

Super, da freue ich mich drauf.

Nur, es gibt da manchmal ein kleines Problem, um überhaupt an den Strand zu kommen, sagt meine Mama. Im oberen Teil von Italien gehören die Strände jemandem, der sie sozusagen vermietet. Man muss also Eintritt zahlen, um an den Strand zu kommen. Fast so wie im Schwimmbad, das kann doch nicht sein, meine ich, denn das Meer gehört doch jedem.

Nein, in Italien nicht. Hotels und Restaurants haben diese Strandabschnitte gekauft und können damit machen, was sie wollen. Die Strände werden dafür auch sehr sauber gehalten. Meistens werden sie abends noch mit einem Rechen abgerechnet.

Auch für das Parken muss man dann noch bezahlen. Also, ich sehe schon, der Urlaub wird ganz schön teuer. Aber trotzdem fahren so viele Urlauber nach Italien. Warum? Ganz einfach, die haben halt die Sonne, die gehört aber jedem. Für die muss man nicht extra bezahlen. Zum Glück.

Und dann haben sie auch noch vieles andere mehr:

Sie haben tolle alte Städte, die die Erwachsenen sich gerne alle ansehen würden, die Kinder aber nicht. Obwohl es sich hier bestimmt lohnt, diese Städte zu entdecken.

Also jetzt machen wir ein bisschen Erdkunde: Wie heißt die Hauptstadt von Italien?

Rom natürlich, du alter Römer.

Die Römer haben zu Rom „Mare nostrum" gesagt. Das bedeutet „unser Meer". Ach ja, jetzt wissen wir wenigstens, warum wir hier für das Meer bezahlen müssen. Es hat schon immer den Römern gehört.

Forum Romana

Kolosseum in ROM

wieder Forum Romana

Hier nur das Allerwichtigste zu Rom:

Rom ist eine tolle Stadt, sie hat 2,5 Millionen Einwohner und liegt am Fluss: Tiber.
Schon mal was von dem Fluss gehört?

Merke dir alle Städte und Flussnamen, die jetzt noch kommen, dann wird das Stadt-Land-Fluss-Spielen immer besser.

In Rom wohnt auch der Papst, im Petersdom. Eigentlich müsste mein Papa da wohnen, denn der heißt Peter. Nein, der Papst wohnt im „Vatikan".

Deine Eltern sollen dir mal erklären, was ein Vatikan ist. Viel Spaß!

In Rom gibt es noch die bekannte „Spanische Treppe". Ich denke, wir sind in Italien und nicht in Spanien. Warum heißt das „spanische Treppe"?
Jetzt musst du mal wieder deinen Joker fragen.

Rom wird auch „Die Ewige Stadt" genannt.
Weil sie so alt ist?
Und die Altstadt ist „Unesco-Weltkulturerbe".

Was ist das denn?

Meine Eltern meinen: Dieses Weltkulturerbe darf nie zerstört werden.
Ist das richtig oder falsch?

Frage deine Eltern!

Hier gibt es auch viele alte Bauwerke und Ausgrabungen, die sich meine Eltern irgendwann einmal ansehen wollen, hoffentlich nicht in diesem Urlaub. Was mich jedoch interessieren würde, das wäre das „Kolosseum“. Hast du davon schon mal was gesehen oder gehört? Noch nicht?

Na dann wird´s aber mal Zeit.

Hier gab es früher „Gladiatorenkämpfe“. Hört sich ziemlich gefährlich an. Gladiatoren waren Berufskämpfer, die vor vielen Leuten kämpften.

Ich habe mich schon immer für die Römer interessiert. Zu Hause mache ich gerne Computerspiele mit Römern. So genannte Strategie-Spiele, wenn du weißt, was das ist.
Hier in Italien beginnt der Ursprung der Römer. Ob wir auch mal einen sehen? Ich glaube kaum, die haben sich alle versteckt oder sind unter den vielen Ausgrabungen verschüttet worden.

Quatsch mit Soße, die Römer gibt es schon lange nicht mehr.

Das weiß ich, weil ich im Taunus lebe, da kenne ich den Limes-Wall und die Saalburg. Kennst du das auch?

Wenn nicht, dann pass auf. Was ist ein Limes-Wall?

Es war ein Grenzschutz der Römer.

Was ist eine Saalburg?

Es ist heute ein Museum, wo man sehen kann, wie die Römer gelebt haben. Ich war schon mit dem Kindergarten dort, da hat es mich noch nicht so interessiert. Und außerdem gehört die Saalburg zum „Weltkulturerbe“. Haben wir also auch, was die Italiener haben.

Im Sommer finden dort Römerfeste statt mit verkleideten Römern, nicht mit echten, ist doch vollkommen klar. Oder?

Willst du eine Pause machen, oder soll es weitergehen?

Der schiefe Turm von Pisa

Palazzo Publico in Siena

Venedig

Dann kommt die nächste Stadt dran.

Es ist vielmehr eine Insel, dort gibt es viele Brücken, und kleine Flüsse, auf denen man mit einer Gondel fahren kann.

Welche Stadt ist das?

Venedig natürlich, da will meine Mama auch noch mal in ihrem Leben hin, sagt sie immer.

Die Gondeln sind hier die Taxis, weil es hier keinen Autoverkehr gibt. Eine der bekanntesten Brücken ist die „Seufzer-Brücke". Wenn man über die geht, muss man immer seufzen.

Und weiter geht´s: Die nächste weltbekannte Stadt ist?

Wenn du den Turm siehst, weißt du es gleich. Es ist das bekannteste schiefe Gebäude der Welt.
Aber warum ist der Turm schief?

Am Anfang des Baues gab es schon diesen Fehler. Denn der Sandboden hat beim Bauen nachgegeben. Dann hat man 100 Jahre nichts mehr an ihm gemacht. Später hat man dann schief weitergebaut.
Und so wurde er berühmt auf der ganzen Welt.

Der Turm ist ungefähr 50 Meter hoch. Die Glocken im Turm dürfen aber nicht läuten, da der Turm sonst einstürzen kann.

Und ich soll da hochsteigen?
Das muss ich mir aber noch überlegen.

Auch dieser Turm von Pisa gehört zum „Weltkulturerbe". Hier in Italien gehört wohl alles zu diesem Erbe. Wahrscheinlich, weil alles so alt ist und erhalten werden soll.

Aber warum fällt der Turm nicht um? Das wissen wahrscheinlich nur die Herren, die diesen Turm fertig gebaut haben. Wenn du sie siehst, kannst du sie ja mal fragen.

Weitere große Städte von Italien sind:
Neapel – Palermo – Mailand – Florenz – Genua.

Aber über die will ich nicht in Einzelheiten berichten, denn sonst schläfst du mir noch ein.

Aber wir sind noch lange nicht fertig mit Erdkunde.

Welche Länder grenzen an Italien? Das sind Österreich – Schweiz – Frankreich – Slowenien.
Also Italien ist kein Nachbarland von Deutschland.

Aber das Land mit den Italienern ist bei uns sehr beliebt und für vieles bekannt. Es ist bekannt für sein Essen und für seinen Wein. Selbst bei uns gibt es ja an jeder Ecke eine Pizzeria, also nur wegen dem Essen muss ich nicht hierher.

Vielleicht wegen der Bauwerke, oder der Mode? Nicht unbedingt. Meine Eltern schon wegen der vielen alten Städtchen

Aber halt, mir fällt gerade ein, da war doch noch was. Ich als alter Fußballfan, wie konnte ich das vergessen. Italien ist Fußballweltmeister geworden bei der WM 2006. Ich fand die Fußballweltmeisterschaft sehr schön und dachte für kurze Zeit, ich wäre in Italien.

Denn bei uns zu Hause sind sie mit einem Autokorso, mit Roller und Fahnen aus allen Richtungen gekommen, um am Kreisel zu feiern. Ich wusste bis dahin gar nicht, dass bei uns so viele Italiener leben.

Die bekanntesten Fußballvereine hier sind:

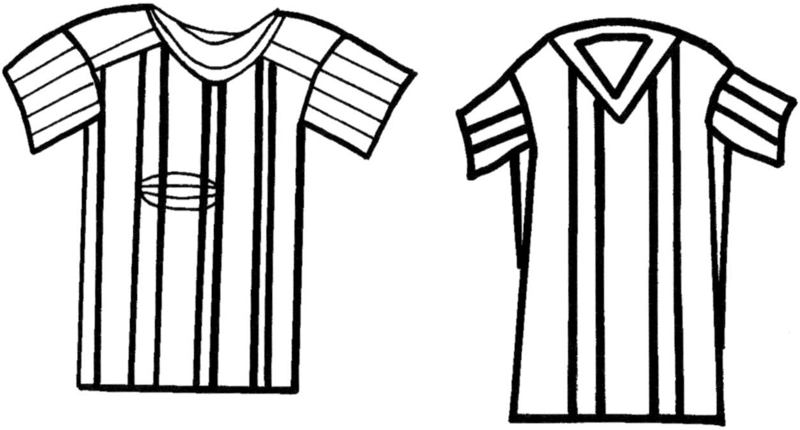

Juventus Turin und Inter Mailand
schwarz / weiß blau / schwarz

Nun ist genug vom Fußball, schließlich fahren wir in Urlaub. Da gibt es auch noch andere Sachen. Und was?

Tolle Strände, da, wo wir zuerst hinfahren. Lange feinsandige Sandstrände, die zum Glück noch keinem gehören. Hier kann man super baden und schnorcheln.

Was ist hier alles im Wasser?

Nur kleinere Fische, eine paar Krebse und Seegras. Allerdings kann an manchen Stellen auch das Wasser veralgt sein, wegen der Strömung. An manchen Stellen darf man auch nicht baden, weil die Strömung zu gefährlich ist. Aber das ist gekennzeichnet, da sind die Italiener schon sehr genau.

An diesen langen Stränden, da kann man es aushalten, sagen meine Eltern. Nur an die oberen Strände, da möchten sie nicht so gerne hin. Da waren sie früher schon mal. Das hat ihnen gereicht. Das sind die Strände, an denen man Eintritt bezahlen muss. Und dafür liegt man dann auch noch wie die „Ölsardinen". In der Hauptsaison dicht an dicht.

Die Italiener haben damit kein Problem, sie legen ihr Handtuch direkt neben deins. Sie legen sich auch noch unter deinen Sonnenschirm. Zu essen und zu trinken haben sie auch immer dabei. Sie kommen immer in Scharen mit Oma, Opa, Kind und Kegel. Das kann natürlich auch manchmal etwas lauter werden. Dafür sind sie eine große Familie.

Wie sagt mein Vater immer:
andere Länder, andere Sitten.

Mich würde das nicht stören, die Hauptsache, ich kann ins

Wasser mit meinem aufblasbaren Krokodil. Oh je, was mach ich, wenn ich aus dem Wasser komme und jemand ganz dicht neben mir liegt und kein Platz mehr für mein Riesenkrokodil ist.

Entweder die Luft rauslassen oder wieder ins Wasser gehen. Mein Vater sagt dann, das wäre ja wie in „Rimini“.

Was ist das, Rimini?

Rimini ist ein bekanntes Urlaubsziel an der anderen Seite vom Stiefel. Es nennt sich Adria und dort fahren schon immer viele Familien mit Kindern hin. Das Wasser ist dort nicht so tief, ideal für kleine Kinder. Und man liegt auch dort wie die Ölsardinen, sagen meine Eltern.

Dann wäre ich auch gerne mal eine Sardine.

Apropos Sardine, das ist doch was zu essen. Und die Mehrzahl von Sardine ist Sardinien, das ist aber eine Insel.

Ich habe wahnsinnigen Hunger und brauche ganz dringend was zu futtern.

Die Kühltasche steht, wie in jedem Urlaub, zwischen mir und meiner Schwester. Aber die schläft mal wieder und so kann ich mir schnell, ohne dass sie es merkt, mal wieder was Leckeres rausfischen. Falls überhaupt noch was da ist. Denn wir sind schon längere Zeit gefahren, und da wird der Proviant immer weniger.

Wir sollen uns das gut einteilen, sagt Mama. Aber was soll ich einteilen, wenn ich dauernd Hunger habe.

Wegen dem Essen freue ich mich auch schon auf Italien. Da gibt es nur Sachen, die auch die Kinder mögen:

Spagetti – Pizza – Pasta – Nudeln. Und viel Gelato = Eis. Hier gibt es mindestens dreimal so viele verschiedene Eissorten wie bei uns.

Meine Eltern freuen sich auch noch auf den italienischen Wein. Denn sie trinken im Urlaub abends ganz gerne mal ein Gläschen Wein oder auch zwei. Der berühmteste italienische Wein ist der Chianti.

Mein Vater weiß auch, dass Italien der zweitgrößte Weinanbauer der Welt ist. Sie wollen sogar ein Weingut besuchen. Oh Gott, hoffentlich dauert das nicht so lange. Und was trinke ich dort? Kinderwein (= Cola)?

Denn die Italiener sind sehr lieb zu ihren „Bambinis“, so heißen die Kinder in diesem Land. Hier meckert keiner, wenn die Kids spät abends auf sind und Krach machen.

Bei uns in Deutschland ist das anders, sagt meine Mutter. Da würde fast jeder den Kopf aus dem Fenster strecken und meckern, wenn man abends auf der Straße spielen würde.

Aber bei uns wäre das auch viel zu gefährlich, wegen der Autos. Auch hier im Land der Sonne sollte man den Straßenverkehr nicht unterschätzen. Die Italiener fahren wie die Henker. Sie fahren manchmal kreuz und quer, es wird viel gehupt und farbenblind sind sie auch noch, da sie manchmal bei Rot über die Ampeln fahren.

Meine Eltern waren schon mal in Italien, deshalb kennen sie das. Man muss sich eben anpassen und einfach mitfahren, meint mein Papi. Eben andere Länder, andere ... Was war das noch?

Aber zu den vielen Autos gibt es auch noch die mehr als vielen Rollerfahrer. Ganze Familien fahren auf einem Roller. Vater, Mutter und zwei Kinder, mehr geht nicht.

Ist denn das erlaubt, will ich wissen? Mein Vater meint, in diesem Land wird es wahrscheinlich geduldet.

Auch dass man ohne Helm fährt?

Wahrscheinlich wegen der Hitze.

Meine Eltern haben schon mal eine 80-jährige Oma gesehen, die mit Flip-Flops auf einem Roller vor ihnen gefahren ist. Sie ist so schnell gefahren, dass mein Papa sie nicht überholen konnte.

Das möchte ich auch sehen, sonst glaube ich es nicht. Meine Oma würde sich in diesem Alter nicht mehr auf einen Roller setzen. Deine vielleicht?

Die Menschen hier haben eben eine andere Mentalität, sagt man mir.

Was ist eine Mentalität?

Wen willst du fragen?

Etwas ist mir schon zu Hause aufgefallen. Meistens haben die Italiener schwarze Haare. Wieso?

Mit dieser Frage haben meine Eltern etwas Probleme. Das wissen sie auch nicht so ganz genau. Es liegt wahrscheinlich an den Genen, sagt meine Mama.

Was ist ein Gen?

Das haben alle Menschen und geben es immer weiter. Aber das wirst du in der Schule noch genauer lernen. Im Moment musst du dich damit zufrieden geben, das das halt so ist.

So ist das bei vielen Dingen. Ich glaube, das ist dieses Jahr unser Urlaubsspruch. Denn jedes Jahr merken wir uns einen bestimmten Satz. Bei vielen Dingen, die ich oder meine Schwester wissen wollen, sagen wir jetzt immer hinterher: „Klingt komisch, ist aber so“. Und dann lachen wir uns kaputt.

Mit was für Geld muss man hier bezahlen?

Mit Euro natürlich, früher gab es hier die „Lira“.

Klingt komisch, ist aber so.

Der oder die Lira gibt es sowieso nicht mehr, hatte auch zu viele Nullen. Bei dieser Währung musste man so viel rechnen. Heute ist das einfacher, aber meine Eltern fanden es früher immer schöner in einem anderen Land,

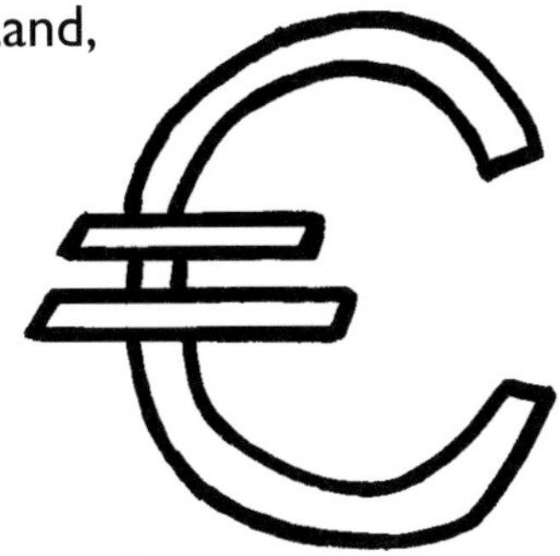

auch mit anderem Geld zu bezahlen. Mit den Liren war das Land noch nicht so teuer wie heute, sagen sie. Aber man kann es nicht ändern.

Klingt komisch, ist aber so.

Im Radio singt wieder so ein Italiener, den kann meine Mutter den ganzen Tag hören. Er ist ganz berühmt, den kennt fast jeder. Mein Papa sagt dann, den trinkt er am liebsten.

Weißt du, was er damit meint?

Ich nicht, Klingt komisch, ist aber so. Reicht, wenn ich den singen höre, dann muss ich ihn nicht auch noch trinken.

Mein Papa hört auch gerne italienische Musik.

Er singt dann immer mit „Azuro“ und wir halten uns die Ohren zu, damit wir es nicht hören müssen.

Hauptsache, Mama gefällt´s und sie ist glücklich. Denn sie hat sich ja auch den Urlaub verdient, sagt sie.

Wie kann man sich einen Urlaub verdienen?

Einmal, indem man arbeitet und das Geld spart. Und einmal, dass meine Mutter eine Familie zu versorgen hat und damit hat sie viel Arbeit. Dann freut man sich umso mehr auf die Erholung am Meer und in der Sonne.

Darauf freue ich mich auch. Ich habe es ja auch verdient, mit meinen vielen Arbeiten, die wir vor den Ferien geschrieben haben.

Und deshalb jetzt wieder ein bisschen Erdkunde. Im Urlaub soll das aber Spaß machen, etwas über Land und Leute zu erfahren. Denn wenn man was weiß, kann man auch damit zu Hause angeben.

Machen wir erst mal wieder Land, nein – wir machen jetzt Fluss.

Denke immer an dein Spiel.

Wie heißt der größte Fluss Italiens?

Er hat einen ganz lustigen Namen: Er heißt „Po“, klingt komisch, ist aber so.

Er ist 650 Kilometer lang und fließt in die Adria. Deshalb kann es sein, dass hier das Meer nicht immer so sauber ist.

Das ist ein Po

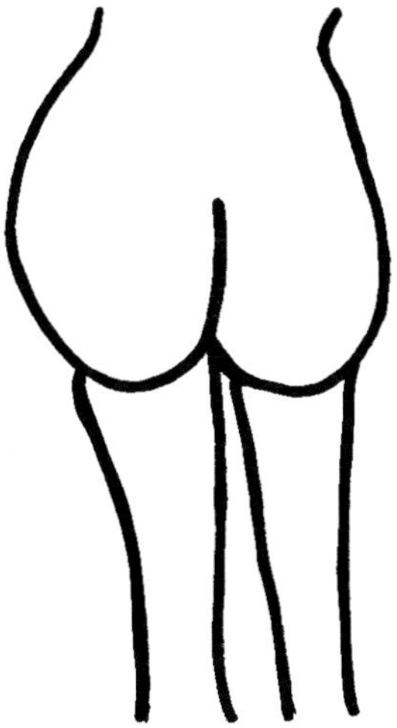

Und das ist auch ein Po

Man kann zu Po auch Hintern sagen – oder noch was anderes?

Wie heißen die größten Seen in Italien?

Erstens der Gardasee, auf italienisch Lago di Garda. Hört sich doch toll an, denn See heißt hier immer „Lago". Der Gardasee ist ein ideales Ziel für Segler und Surfer. Das Wasser ist nicht so warm, aber es gibt hier immer Wind.

Klingt ....

Rund um den Lago gibt es eine Küstenstraße mit vielen hübschen kleinen Orten. Freunde von uns fahren schon seit 20 Jahren immer wieder dorthin. Mir wäre das zu langweilig, immer wieder an dieselbe Stelle fahren, aber wer gern surft, ist hier anscheinend gut aufgehoben.

Es gibt so viele schöne Gebiete und Städte und Meere auf dieser Welt zu sehen, deshalb wollen meine Eltern immer woanders Urlaub machen. Mir wäre das im Moment noch ziemlich egal, wohin ich fahre. Ich fahre ja noch nicht selbst, sondern ich werde gefahren. Die Hauptsache, keine Schule und ausschlafen und dann viel chillen, wie meine Schwester sagt, und Mengen Eis essen.

Obwohl der Lago fast so groß wie ein Meer ist, könnten wir ja auch hierbleiben.

Diesmal nicht, wir fahren immer weiter Richtung Süden.

Je weiter man in den Stiefel hineinfährt, umso italienischer werden die Menschen und das Land. Denn man sagt auch zu den Italienern, dass sie Südländer sind.

Ist doch logisch, wenn sie im Süden leben. Was sollen sie denn sonst sein? Vielleicht Pastaländer? Oder Pizzaländer? Dann doch lieber Südländer, Klingt .... besser.

Der Gardasee

Marmorbrüche von Carrara

ziemlich alte Säulen

Der Lago Maggiore und der Lago di Como sind auch noch zwei große Seen in diesem Land.

Das waren die Flüsse, jetzt kommen die Berge.

Wie hoch ist der höchste Berg in Italien und wie heißt er?

Es ist der “Mont Blanc de Courmayeur“ und er ist 4750 Meter hoch. Ziemlich hoch, so weit muss ich immer in die Schule hin- und zurücklaufen. Und so hoch soll dieser Berg sein, würde ich gerne mal vor mir sehen. Aber nicht besteigen, das ist mir zu anstrengend. In diesem Urlaub will ich mich nicht anstrengen, vielleicht später, wenn ich erwachsen bin, mal sehen.

Es gibt auch noch in Italien ein anderes Gebiet voller Berge. Dort kann man auch wandern und Ski fahren. Das ist Südtirol und dort ist der höchste Berg, der Ortler mit 3900 Metern.

Es gibt dort viele Felsberge, Burgen und Schlösser. Ein Glück, dass wir dieses Jahr nicht dorthin fahren, denn dann müsste ich mir sicherlich jeden Tag eine andere Burg oder ein anderes Schloss ansehen. Darauf habe ich dieses Jahr überhaupt keine Lust.

Aber hier aus Südtirol kam ein ganz bekannter Bergsteiger. Frag mal deine Eltern, ob sie wissen, wer das war.

Er hieß Luis Trenker und ist mit 98 Jahren erst gestorben. Bestimmt wurde er so alt, weil er so viel geklettert ist, sollte ich vielleicht doch mit Bergsteigen anfangen?

Die bekannteste Stadt hier ist Meran.

Hier ist das Klima auch meistens warm und es gibt Palmen, wie im Süden. Das Schöne an Südtirol, hier spricht und versteht man auch Deutsch. Und je weiter man in den Süden fährt, umso schlimmer wird die Verständigung, wenn man nicht gut Italienisch kann.

Wir können leider alle kein Italienisch, aber das macht nichts, wir haben ein Wörterbuch dabei und einen Übersetzer. Da gibt man das Wort ein, das man wissen will, und es dauert ewig, bis man es gefunden hat. Da hat man sich schneller mit Händen und Füßen verständigt. Papa hat auch immer im Urlaub seine Zettel dabei, die er zu Hause schreibt. Hier schreibt er sich das Wichtigste auf.

Ganze Sätze oder nur Wörter. Zum Beispiel, wie man nach dem Weg fragt, oder wie man fragt: Wo bitte ist das Luftdruckgerät für das Auto? Ganz wichtig.

Wenn dann aber die Italiener antworten, weil er ja auf Italienisch fragt, versteht er sowieso nur „Bahnhof". Na dann Gute Nacht, das kann ja was werden mit der Verständigung.

Eigentlich wollte ich von was ganz anderem erzählen, von den Bergen. Einen ganz bestimmten Berg, den würde ich gerne mal aus der Nähe sehen. Nämlich einen feuerspuckenden Berg, den Ätna auf der Insel Sizilien. Er ist 3300 Meter hoch und einer der höchsten und aktivsten Vulkane. Er entstand vor 600 000 Jahren. Kannst du die Zahl überhaupt lesen?

Ätna heißt auf Italienisch „die Brennende". Also ist der Ätna eine Frau, dann heißt es ja die Ätna. Er oder sie ist der größte Vulkan Europas. Fast jedes Jahr meldet er sich einmal. Dann spuckt er riesige Rauchwolken, Feuer und Lava aus.

So sieht er aus,
wenn er schläft

so sieht er aus,
wenn er aufwacht.

Allerdings kann man alleine nicht auf diesen Berg, das ist zu gefährlich. Man müsste warten, bis er längere Zeit schläft, aber dann wäre wahrscheinlich der Urlaub vorbei.

Dieses Jahr werden wir wohl den tollen Berg nicht aus der Nähe sehen, denn wir fahren ja nicht nach Sizilien.

Das ist die Insel ganz unter dem Stiefel. Ziemlich weit dorthin. Zu dieser Insel kann man nur mit einer Fähre fahren. Das geht über eine Meerenge von der Stiefelspitze nach Sizilien. Und diese Meerenge hat auch einen bekannten Namen.

Weißt du´s oder deine Schwester?

Das ist die Meerenge von „Messina". Merken!

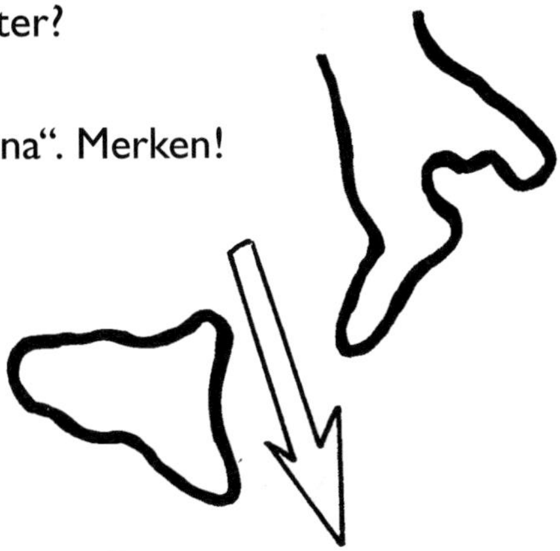

Eine weitere Insel, das ist Sardinien, bekannt für wunderschöne Strände. Wieso sind wir nicht dahin gefahren?

Vielleicht nächstes Jahr, sagt mein Papa. Aber da muss man mit der Fähre fahren.

Noch eine Insel, die man nur mit der Fähre erreichen kann, das ist Elba. Auf die Insel Elba wurde Napoleon verbannt.

Was ist nun schon wieder ein Napoleon?

Hier nur eine Kurzform: Er war ein französischer Feldherr im Krieg.

Was hat er dann in Italien gemacht?

Er herrschte immer abwechselnd in Frankreich und in Italien. Als ihn die Franzosen nicht mehr wollten, haben sie ihn nach Italien geschickt, so wird es wohl gewesen sein. Das werden wir noch alles in der Schule lernen, sagen mir meine Eltern.

Darauf freue ich mich schon jetzt und verdrehe die Augen.

Noch eine ganz bekannte Insel, über die gibt es auch ein altes Lied: Wenn bei Capri die rote Sonne im Meer versinkt …, weiter weiß ich nicht. Schon mal gehört? Wenn nicht, macht auch nichts.

Capri ist eine kleine Felseninsel mit vielen Höhlen. Und das bekannteste an der Insel ist, na?

Natürlich die „Blaue Grotte“, und nicht die „Blaue Mauritius“.

So, das waren die Inseln, jetzt kommen wir wieder zu den Vulkanen.

Es gibt nämlich noch zwei andere: Einer von ihnen ist der „Vesuv“ – oder die Vesuv? Er ist in der Nähe von Neapel.

Aber wo ist Neapel?

Hast du eine Autokarte dabei, dann sieh doch mal nach. Vielleicht sind ja auch die Vulkane eingezeichnet. Und vielleicht steht dort auch noch, wann sie wieder ausbrechen.

Also, der Vesuv ist 1280 Meter hoch und schon lange ruhig.

Und jetzt zum letzten Vulkan in diesem Land.

Weißt du wie er heißt?

Er heißt „Stromboli“ und ist eine kleine Insel in der Nähe von Sizilien.

Er ist 900 Meter hoch und spuckt manchmal noch etwas Lava aus.

Ich kann nicht mehr, ich muss mal wieder ein kleines Nickerchen machen. Die Fahrt ist doch sehr lange und manchmal auch anstrengend bei der Hitze.

Zum Glück haben wir eine Klimaanlage.

Wie halten das die Italiener aus, na ja sie sind daran gewöhnt. Auch sie machen mittags immer eine „Siesta“, auf Deutsch „kleines Nickerchen“, damit sie abends fit sind. Denn hier beginnt das Leben erst richtig, wenn die Sonne untergegangen ist.

Die Italiener gehen ziemlich spät zum Essen.

So lange kann ich aber nicht warten, bis dahin bin ich verhungert. Ich habe nach dem Baden immer fürchterlichen Appetit. Und da bin ich froh, dass mir meine Mama was zu essen macht. Wir haben ja eine Ferienwohnung und können essen und trinken, wann wir wollen. Denn jeden Abend zu viert Essen gehen, das wird zu teuer, sagen meine Eltern.

Hoffentlich haben wir eine schöne Wohnung, vielleicht sogar mit Pool. Wenn nicht, macht auch nichts, denn dafür gibt es ja das Meer.

Meine Mama hat sich schon beschwert und gesagt, dass sie im Urlaub nicht alles alleine macht, wie meistens bei uns zu Hause. Also jeder muss spülen helfen und einkaufen gehen, auch ich. Dafür gibt es einen Plan und keiner kann sich rausreden.

Was für einen Plan?

Oh Gott, ich ahne Schlimmes.

Spülen ist nicht so mein Ding.

Dann eben abtrocknen, sagt sie.

Und einkaufen kann ich doch auch nicht gehen, ich kann doch außer Gelato und Lago noch kein Wort italienisch. Wie soll das gehen?

Einkaufen muss ich zum Glück nicht alleine, das machen wir meistens zusammen, was bin ich froh.

Wahrscheinlich trauen sich meine Eltern auch nicht alleine einzukaufen.

Wir machen übrigens Urlaub in der Toskana. Die Toskana ist eine hügelige Landschaft und die Hauptstadt hiervon ist Florenz. Es gibt hier viele Zypressen, das sind hohe spitze Bäume. Dann gibt es noch Olivenbäume und Weinreben. Und ganz viele tolle alte Städte wie Siena, Lucca usw.

Siena soll die schönste Stadt in der Toskana sein. Aber was bitteschön ist schön?

Na ja, halt wie immer alte Gassen und Treppen.

Und das soll schön sein?

Dann lieber alte Türme, die man besteigen kann und Eiscafes, in die man sich setzen kann.

In allen Städten gibt es immer große Plätze, die heißen dann:

„Piazza“. Nicht zu verwechseln mit der Pizza, denn die kann man essen. Auf die Piazza kann man gehen oder sich dort hinsetzen.

Also wenn die Sonne untergegangen ist, treffen sich die Italiener abends auf der Piazza. Essen und trinken und reden zusammen bis tief in die Nacht.

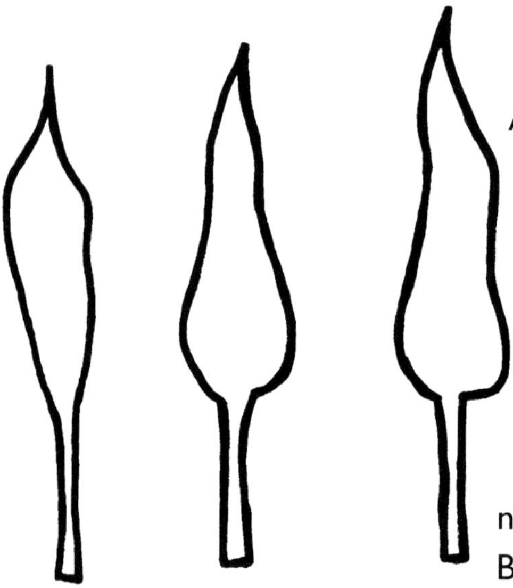

Aber halt, ich war doch eigentlich bei Florenz. Dies ist eine mittelalterliche Stadt und liegt am Fluss Arno. Die Altstadt ist schon wieder „Weltkulturerbe.“ Wie schon gesagt, hier ist fast alles Weltkulturerbe.

Gibt es hier auch was, das nicht unter diesem Erbe steht? Bestimmt.

Aus Italien kamen auch ganz berühmte Künstler. Einer davon war „Michelangelo“. Was ist ein Michelangelo?

Er war Maler, Dichter und Bildhauer.

Ist der auch Weltkulturerbe?

Ein weiterer bekannter Maler, Musiker, Architekt und Bildhauer war ein Genie, das sagen die Italiener.

Was ist ein Genie?

Jemand, der alles perfekt kann. Aber wer war das?

Er heißt Leonardo Da Vinci.

Ich dachte schon, Leonardo di Capri …, den habe ich schon mal im Kino gesehen. Jetzt ist alles klar, der kommt von der Insel Capri.

Aber von dem anderen habe ich bis jetzt noch nichts gehört. Ist aber sehr bekannt. Hier eines seiner Kunstwerke zum Ausmalen.

Noch eine Stadt, die man in der Toskana gesehen haben sollte. Oder vielmehr, was um diese Stadt herum ist.

Carrara heißt die Stadt, hier ist es staubig und es fahren viele Laster mit Steinblöcken durch die Gegend.

Was soll daran schön sein?

Das sind die weltbekannten Marmorbrüche von Carrara. Hier gibt es weißen Marmor, der ist weltbekannt. Die Steinbrüche entdeckte man vor 2000 Jahren.

Außerdem liegen die Steinbrüche in 1000 Meter Höhe. Früher mussten hier die Sklaven arbeiten. Heute ist das natürlich anders. Denn es gibt ja keine Sklaven mehr. Obwohl meine Mutter manchmal sagt, das sie nicht unser Sklave ist.

Was meint sie damit?

Wahrscheinlich, weil sie uns oft alles hinterherräumen muss. Und Sklaven mussten eben schlimme Arbeiten erledigen.

Heute wird der Marmor automatisch mit Stahlseilen gesägt.

Man kann dort auch ganz tolle Andenken kaufen:
Es gibt schöne Figuren aus Marmor.

Ein Andenken von hier wäre auch nicht schlecht. Vielleicht gibt es auch Römer aus Marmor oder den schiefen Turm von Pisa oder ein anderes Weltkulturerbe.

Mit diesem Marmor hat man in Italien auch viele Gebäude verschönert.

Ich kann es kaum noch erwarten, das alles zu sehen. Nicht auf einmal, wird auch in einem Urlaub nicht möglich sein, da muss man öfters nach Italien fahren.

Man kann hier Urlaub in einem Ferienhaus machen, oder in einer Wohnung. Es gibt aber auch schöne Campingplätze und Hotels. Jeder wie er will und was er sich leisten kann.

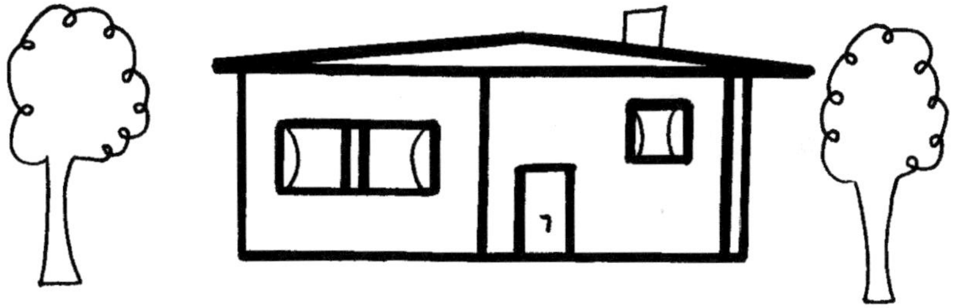

Aber was ganz Wichtiges noch, steht auch in jedem Reiseführer, sagt meine Mama: Man sollte in Italien keine Wertsachen im Auto liegenlassen.

Klingt komisch ....

Denn in der Hauptreisezeit kommt es immer wieder vor, dass man beklaut werden kann. Das kann natürlich in jedem anderen Land auch passieren. Deshalb keine Fotos, keine Handtasche, keinen Walkman, keine CDs oder sonstige Sachen im Auto lassen, denn das verführt zum Klauen.

Und was ganz wichtig ist: niemals Ausweise oder Führerschein im Auto lassen. In den Urlaub sollte man sowieso keine wertvollen Gegenstände mitnehmen.

Manchmal kann man hier auch günstig einkaufen. Dazu muss man noch nicht mal in ein Geschäft, denn das Geschäft kommt zu dir. Glaubst du nicht?

Es ist ja auch kein richtiges Geschäft, sondern es sind Leute, meistens Afrikaner, die am Strand ihre Waren verkaufen. Manchmal werden sie auch lästig, denn liegt man am Strand in der Sonne, kann es sein, dass plötzlich einer vor einem steht und Uhren verkaufen will.

Kaum ist er weg, kommt der nächste und will Sonnenbrillen verkaufen. Danach kommt einer und will Badeanzüge verkaufen.

Und ist der verschwunden kommt wieder einer und will was anderes verkaufen.

Du glaubst, da ist irgendwo ein Nest.

Das nervt schon manchmal, sagt mein Vater, man muss dann so tun, als ob man schläft, dann lassen sie einen in Ruhe. Aber sie kommen immer wieder. Na ja, sie wollen halt auch was verdienen, es ist eben ihr Job.

Gerade fragt meine Mutter meine Schwester, ob sie auch ein normales T-Shirt dabei hat oder nur die ganz kurzen bauchfreien. Denn mit einem bauchfreien T-Shirt kommt man in Italien nicht in die alten Kirchen. Manchmal auch nicht mit kurzen Hosen. Und wir wollen uns doch auch mal eine ansehen.

Für so einen Fall gibt es dann Säcke oder Tüten, die man sich überstülpen kann.

Die Italiener sind ein christliches Volk und meinen, es gehört sich nicht, so leicht bekleidet in eine Kirche zu gehen. Daran sollte man sich auch halten.

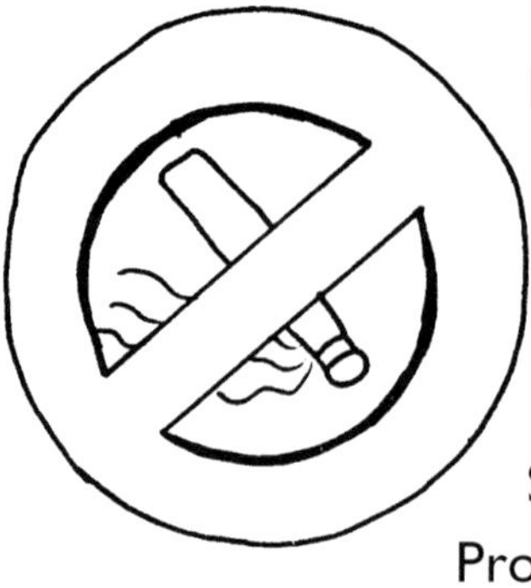

Man hält sich ja auch hier an das Rauchverbot. Das finden meine Eltern ganz toll. Hier darf nicht mehr in den Restaurants geraucht werden. Wer rauchen will, geht so lange raus auf die Straße. Die Italiener haben damit kein Problem, weil sie ja viel Zeit draußen verbringen. Sie sitzen auch tagsüber auf Stühlen einfach vor ihrem Haus.

Stell dir mal vor, du würdest dich bei uns am helllichten Tag mit einem Stuhl vor dein Haus oder deine Wohnung setzen. Alle würden doch denken, der spinnt.

Und hier ist das ganz normal.

Hier leben sie auch in viel größeren Familien zusammen als bei uns. Meistens mit Oma, Opa, Enkeln und Urenkeln. Bei uns ist das meistens so, dass die Jungen und die Alten getrennt leben. Oft hat man auch nicht so ein großes Haus, dass alle zusammen leben können.

Die Italiener sind eben ein ganz anderes Volk als die Deutschen. Bei ihnen ist es meistens etwas lauter, sie reden auch mit den Händen. Sie setzen sich sogar mit ihren Campingstühlen ins Wasser.

Und was einem dort noch auffallen wird:
Sie haben fast immer ein Handy am Ohr.

Was haben sie früher gemacht, als es noch keine Handys gab? Mein Vater sagt, die können auch nicht mehr ohne das Handy leben. Denn er kann gut ohne das Handy leben.

Er hat vor kurzem sein erstes Handy bekommen, zum Geburtstag. Jetzt müssen wir erst mal einen Kurs mit ihm machen, der heißt: Wie bediene ich mein Handy und was mache ich, wenn es klingelt? Für einen Erwachsenen gar nicht so einfach.

Für Kinder kinderleicht.

Die Erwachsenen haben auch meistens so große Finger und die Tasten sind so klein. Außerdem sehen sie oft schlecht ohne Brille. Für meinen Vater müsste das Handy so groß sein wie eine Luftmatratze, dann würde er die Zahlen besser erkennen können.

Das Handy ist aber auch sehr oft hilfreich. Man kann sofort die Feuerwehr rufen, wenn es mal brennt.

Feuerwehr heißt auf Italienisch: pompiere.

Und im Sommer kann es hier schon öfter mal brennen. Dieser Brand kann entstehen durch eine weggeworfene Zigarette. Aber jetzt dürfen die Italiener ja nicht mehr rauchen, wahrscheinlich auch deshalb.

Es gibt aber auch Leute, die extra ein Feuer legen, damit das Grundstück dann später günstiger verkauft wird. Alles Mafia, meint mein Vater.

Was ist ein Mafia?

Die Mafia sind kriminelle Banden und gehören zu Italien wie Tomatensoße zu Spagetti. Man kann auch kriminelle Geheimgesellschaften zu ihnen sagen.

Na ja, hoffentlich begegnen wir denen nicht.

Also wenn die Wälder hier brennen, dann werden die Löschflugzeuge gerufen. Die sind viel schneller da als die Feuerwehr. Man kann dann am Strand sehen, wie sie ins Wasser tauchen und ihre Tanks voll Wasser füllen. Das geht ruck, zuck.

Es brennt hier fast jeden Sommer. Die „Carabinieri", so heißt hier die Polizei, haben schon viel Erfahrung mit Bränden.

Viel Erfahrung haben hier auch die Archäologen.

Was sind das für Menschen?

Das sind Leute, die in und unter den Steinen und in der Erde wühlen. Mache ich auch manchmal. Sie suchen nach alten interessanten Sachen. Und wenn sie was gefunden haben, sind sie überglücklich.

Es gibt fast in jedem Land Ausgrabungen. Da hat man bestimmt bald alles ausgegraben.

Wenn sie also etwas gefunden haben, dann geben sie es jemandem, wie man den nennt, weiß ich nicht. Vielleicht Zeitbestimmer, denn der soll dann sagen, wie alt der gefundene Gegenstand ist.

In Bella Italia gibt es eine der größten archäologischen Sehenswürdigkeiten der Welt. Wahrscheinlich wieder mal Weltkulturerbe.

Das ist die Stadt „Pompeji". Schon mal gehört?

Denn als der Vesuv vor vielen Jahren einmal ausbrach, wurde die ganze Stadt verschüttet. Deshalb war die ganze Stadt unter dem Ascheregen vollständig erhalten.

Heute ist sie wieder ausgegraben. Das muss ein Fest für die Archäologen gewesen sein, so viel auszugraben. Wie lange das wohl gedauert hat?

Ich wollte, meine Ferien würden auch so lange dauern wie diese Ausgrabungen. Hier in Italien haben die Kinder viel länger Ferien als bei uns. Sie haben drei Monate Ferien.

Ich glaube, ich ziehe nach Italien.

Außerdem gibt es hier so viele Eisdielen wie Sand am Meer. Noch ein Grund hierherzuziehen. Dann noch wegen der Pizza, den Spagetti und vielem anderen.

Aber wenn man drei Wochen hier war, freut man sich auch wieder auf zu Hause. Das ist immer so, denn da haben wir unsere Familie und unsere Freunde. Mit denen treffen wir uns nicht auf der Piazza, sondern woanders.

Meinen Freunden will ich viel vom Urlaub in Italien erzählen, deshalb mach ich auch viele Bilder. Dazu muss ich mir dann nur alles merken, wie es heißt. Dazu habe ich ja meinen Reiseführer, wenn ich mal was vergesse.

Aber ein paar Vokabeln muss ich noch lernen, bis wir da sind:

ja = si
schnell = avanti
danke = grazie
Guten Tag = buongiorno
Entschuldigung = scusi

Feuer = fuego
hallo = ciao
nein = no
Strand = spiaggia
Meer = mare
Essen = mangiare

Ich glaube aber, meine Lieblingssätze werden sein:
„Non capisco“ heißt so viel wie: Ich verstehe nicht!

Oder: „Lei parla tedesco?“ Sprechen Sie Deutsch?

Und noch was darfst du in diesem Land nie tun. Rate mal, was das ist. Du wirst nie von alleine darauf kommen. Aber du hast es zu Hause bestimmt schon mal gemacht. Wenn auch nur zur Not.

Denn dann war es eine Notlüge.

Also du darfst in diesem Land nie lügen.

Denn wenn du hier lügen solltest, dann bekommst du eine lange Nase. Weil nämlich „Pinocchio“ aus Italien kommt. Die Geschichten kennst du doch sicherlich. Wenn er gelogen hat, wurde seine Nase immer länger.

Ich an deiner Stelle würde es nicht ausprobieren. Viel zu gefährlich.

Es gibt hier auch überall die bekannte Pinocchio–Marionette zu kaufen, vielleicht bekomme ich ja auch eine.

Ein Italiener hat also die Geschichten erfunden.

Ich glaube, das war's jetzt, im Moment fällt mir nichts mehr ein, mir fallen nur noch die Augen zu. Und wenn ich sie wieder aufmache, sind wir bestimmt am Ziel. Und ich werde einen wunderschönen Urlaub in diesem aufregenden interessanten Land verbringen.

Also bis zum nächsten Mal: Euer Nico

Dieses Jahr aus „Bella Italia“